Alain Martinez Mira del Pino

Florilèges

Poèmes

© 2021, Martinez, Alain
Edition : Books on Demand,
12/14 rond-Point des Champs-Elysées, 75008 Paris
Impression : BoD - Books on Demand, Norderstedt, Allemagne
ISBN : 9782322201310
Dépôt légal : avril 2021

La petite cascade

La petite cascade au chant de cristal murmure
Dans son écrin émeraude où fleurissent les mûres
C'est une aria éthérée qu'elle entonne jour et nuit
Dans l'ébène du soir et à l'aurore qui luit.

Les elfes et les sylphides s'y rafraîchissent la nuit
Quand les humains s'emprisonnent à minuit
D'un sommeil que Morphée leur a assigné
Et les satyres savourent goulûment leurs apprêts.

C'est à cette gentille fille des ondes cristallines
Que je confie les appétits qui me taquinent
Quand l'éclair d'une ondine à la chair ivoirine
Vient troubler le cours de mes rêveries câlines.

Elle sait calmer la tempête de ma psyché
Elle sait enchanter mes plus sombres pensées
Et exacerber le train de mon entrain éveillé
Qui remonte aux sources de l'énergie retrouvée.

Parfois les jours d'hiver elle donne l'adagio
De la pluie qui éclate de gemmes sa livrée
Mariage d'argent et de platine et lamento
Des arbres obscurs aux branches défeuillées.

Soir d'été

Lune et nuages dansaient une bergamasque
Dans la lumière dorée d'un soir d'été
Il me semblait que des âmes apaisées
Flottaient dans les fleurs blanches des vasques.

Un je ne sais quoi de serein et d'irréel
Imprégnait la fragrance parfumée des jasmins
Dont les arabesques odorantes montaient au ciel
Ma rêverie les escortait en ces chemins.

Des sentes célestes aux chemins de rondes
Peuplaient nos âmes voguant de conserve
Dans les océans verts aux houles sans trêve
Qui chaloupaient en nos psychés vagabondes.

Comme le ruissellement des notes d'un piano
La beauté de la nuit féconde et mystérieuse
Célébrait d'un adagio l'harmonie silencieuse
Envahissant l'âme d'un hypnotique lamento.

Les étoiles en apparat scintillant
Brodaient d'un serti doré les nues de jais
La symphonie ascensionnelle nous unissait
Aux magies des ombres éclairées de diamants.

Idylle florale

Nous nous rencontrâmes sur l'étal d'un fleuriste
Marguerite aux pétales violines, tes cils blancs
Palpitèrent, tu déployais de verts rubans
Délicats écrins, tu aurais éclipsé les cistes

Que les aèdes chantaient en Grèce antique
Tu m'interrogeas : « Est -ce que tu me veux ? »
Je sus ton langage floral et je partageai tes vœux
Te respirant tu devins mon viatique !

« Je serai, me dit-elle, ta compagne fidèle,
Mes baisers seront les plus belles fragrances
Je te séduirai car je sais la magie de vie belle
Ton eau sera lustrale pour toutes mes essences

Quand la tristesse te saisira je te consolerai
Je ferai jaillir de mon bouquet mille feux follets
Et mes pétales vibreront pour te charmer
Les voiles sombres de mélancolie j'exorciserai !

— Ma tendre fleur je t'aime et ton ensorcellement
M'a saisi aux prémices de notre attirance
Comme le philtre vaporeux vêt l'essence
Notre idylle transcende la fuite du temps !

Tintinnabulement

Une cloche d'église sonnait dans les lointains
Égrenant les heures chaudes d'un crépuscule
Dont les lueurs pourpres répondaient à l'airain
Du clocher trônant sur un tapis de campanules.

Le soleil fatigué rejoignait sa couche
Par lambeaux, les voiles de jais se dessinaient
Sur le fond du tableau du soir qui tombait
Une pluie de cristal zébrait l'azur par petites
touches.

Les songes naissaient, peuplant les sommeils
Des humains endormis dans des lueurs vermeilles
Venues de l'atmosphère blême des rêves
Aux brumes indistinctes du jour qui s'achève.

J'ai toujours aimé les adieux des ors solaires
Poudroyant dans la sérénité de l'instant ineffable
Qu'enfant j'appelais marchand de sable
Sommeils d'enfants éblouissants et clairs !

Il pleut

Il pleut, il pleut l'amour au soleil du printemps !
Prairies gouachées de taffetas émeraude
Rivières tressautantes de cristal d'argent
Ont accueilli l'aurore éclairagiste en maraude.

Le vent léger saupoudre de notes frissonnantes
Les frondaisons chrysoprase chantonnantes
Une lumière en arabesques se baguenaude
Et la joie de vivre rencontre l'amour qui rode.

Les doigts d'une pluie douce joue du xylophone
Sur les feuilles des bouleaux argentés
Et dans la forêt les sylphides et les faunes
S'étreignent dans les sentes et sous l'orée.

La musique envoûtante d'un silence hypnotique
Ponctue cette symphonie de fa et de dièse
Et je rêve de tes silences énigmatiques
Que j'ouïs lorsque le plaisir prend ses aises.

Et le crépuscule point dans les nues mordorées
Puis en decrescendo les caresses nocturnes
Envahissent d'un voile d'ébène moirée
Le ciel qui s'endort sous le magister de Saturne.

Méditation musicale sacrée au Carla-Bayle

Les étoiles écoutaient un chant venu de la terre,
Chants telluriques enlacés à l'allegro des cieux,
Oratorio chanté par des séraphins, louant Dieu
Une mélopée divine s'envolait dans les airs.

Des notes cristallines, douces et syncopées,
Comme une échelle de nuages dressée vers le ciel,
Et qui, «trotte-menu», avaient la profondeur irréelle
Des vortex géants qui fécondent les marées.

Soudain, une voix, plus douce que celle des contre-ténors,
Jaillit des abysses qui trouent le manteau terrestre,
S'envolant par des trilles aux volutes d'or,
Symphonie des univers chthoniens et rupestres.

Puisant dans la magie des tessitures angéliques
Le souffle tourbillonnant d'un chœur élevait sa prière
Dont la puissance évocatrice se faisait messagère.
Et, de l'inframonde montait un appel messianique…

Méditations nocturnes

Quelques arbres dans un soir de pleine lune
Des nuages de céruse tissant leur filigrane
Une luminance diaprée dans l'air diaphane
Un rêve éveillé calligraphiant ses runes.

Une nuit où le clair-obscur se vêt de saphir
Une mélodie silencieuse brodée de soupirs
Rémanence onirique allant outre à la billebaude
Dans le chant feutré d'une brise en maraude.

Symphonie mémorielle de la terre et du ciel
Jouet du temps aux fulgurances étoilées
Luminance d'améthyste aux reflets bleutés
La douceur diffuse et ses arpèges en kyrielle.

J'entends la mélodie harmonieuse du silence
Elle se mêle à l'ataraxie de mon âme rêveuse
Une symphonie hypnotique, vapeur d'encens
Dont la fumée d'opaline rejoint Bételgeuse

Lesté des aspérités aiguës de l'existence
Comme le vol élégant du noir cormoran
Mon âme se pose sur l'assentiment d'obsolescence
Transporté par le souffle impérieux de l'autan.

Variation printanière TBII

Lumière irisée, envol des abeilles ouvrières
Messagères des aplats de couleurs flamboyantes
Hérauts musicaux de la floraison renaissante
Ont chanté l'introït de la messe printanière.

Partout la levée de l'armée végétale
A résonné dans les prés et les halliers
Le serpolet, le jasmin, la menthe exhalent
Leurs senteurs aromatiques entremêlées.

L'air s'est parfumé, il est devenu plus léger
C'est la rencontre des pistils et des étamines,
Des impatiences des mâles, leurs pantomimes
Exécutant les ballets de séduction obligée.

Les femelles voient les prétendants se démener
Les ténors de la trille impérative, séductrice
Vocalisent dans l'allegretto des joutes génitrices
Battements d'ailes, acrobaties colorées !

L'empire des sens exacerbé répandu
Investit l'âme « des amoureux des bancs publics »
Qui se bécotent à bouche que veux-tu ?
Le désir, l'amour imposent leur viatique !

Nul ne peut décrire le catalogue à la Prévert
Que le printemps déploie à la sortie de l'hiver

Le soleil mordoré, chef d'orchestre éclairé
L'effloraison multicolore a envahi ma psyché.

Soleil d'hiver

Le soleil d'hiver ressemble à une lune rousse,
Des voiles grises masquent sa luminance
Lorsque le vent pousse des nuages garance
Enflammés d'un rayonnement ocre qui mousse.

A l'entour, la plaine hantée d'arbres caducs
Noirs de jais, défeuillés, semblent implorer le ciel
Leurs branches tortueuses privées du suc
De la sève semblent rêver d'un arc-en-ciel.

Leurs prières silencieuses zèbrent l'horizon
Dans le silence glacé des froidures hivernales
Le poème mutique d'une nature de cristal
Égrène son lamento de la nostalgie des moissons.

Pourtant ce chant hypnotique berce mon âme
Qui voyage dans des limbes d'infinies beautés
Le gris s'allie à l'argent sertissant le charme
Des moments suspendus où meurent mes alarmes.

Andante et adagio d'une lumière incertaine
La mélodie d'hiver déploie ses accords de guitare
Qui ruisselle sur la neige maquillant les remparts
D'une céruse ivoirine de cristal de Bohème.

Un lieu désert

Je me souviens d'un lieu étrange et perdu
Une église abandonnée aux portes vermoulues
Où soufflait un vent qui agitait les nues
Semblait émaner des générations disparues.

Un cimetière laissé aux herbes folles
Des pissenlits semblaient faire un calembour
Près du reposoir des habitants de ce bourg
Pourtant rien n'était triste sous le souffle d'Éole.

Des eucalyptus embaumaient les âmes
Qui avaient rejoint l'autre côté des miroirs
Des saules pleureurs veillaient sur le vieux mouroir
Je priais pour ceux qui avaient baissé les armes.

Des quidams, fils inconnus d'Eve et Adam
Passagers fugaces de la caravane du temps
Perles du sautoir des défilés d'obscurs pénitents
Invisibles, transparents et néanmoins présents.

A l'entour les ronces grises et vivaces
Construisaient patiemment des cénotaphes
Les atomes humains se mêlaient à l'arborescence
La vie noble, obstinée naissait de l'obsolescence.

Consolation

Les malheurs qui pleuvent sont un défi à la vie
Un jour, on se lève et tout le ciel est gris
Une maman, un père, un frère sont partis
Le fatum à coup de serpe s'est servi,

Il a plongé l'acier en notre cœur qui saigne
La tristesse, la douleur, la révolte règnent
Le fil de notre enfance est soudain rompu
Fille ou fils le soir, orphelin au matin rendu!

Pourtant dès leur départ nous les sentons là
Apparaissant au détour d'un rêve étrange
Ou à l'appel des mémoires où ils se rangent
Répondant aux images que crée l'au-delà.

Le fil des êtres aimés oncques ne se brise
Il est fait de fonte, de marbre, de diamant
Et dans notre psyché ils vont, cheminant
Devenu notre substance leurs feux nous irisent.

Nous poursuivons notre dialogue en catimini
Du présent, du passé, du térébrant tsunami
Qui surgit un matin ou au soir du malheur
Le futur nous apparaît alors comme un leurre !

Pleure, ma mie, si cela te soulage, tes pleurs
Rafraîchissent leurs yeux au regard perdu

Ne t'y trompe pas ils sont toujours à l'heure
Chaque fois que l'amour souhaite leur venue.

Venus d'on ne sait où ils quittent l'éternité
Pour te chérir par un abrazo, un sourire
Ils savent te consoler de toutes tes ires
La magie de leur présence brille à jamais !

Iridescence !

Le ciel a dépêché ses destriers célestes
Qui trottaient, vêtus de panaches nacrés
Le soleil irisait d'argent leur course preste
En ce matin printanier aux lueurs diaprées.

Je pensais à toi, à tes yeux d'agate dorée
Et à ces moments délétères où l'être aimé
Semble, dans un songe clos, m'échapper
Perdu en des limbes dont je suis étranger.

Le ciel de mon âme se colore d'ébène
Et la solitude, compagne de ma peine
Envahit ma psyché qui se perd en conjectures
Existe-t-il, en ce monde, un amour qui dure ?

Mais ton sourire lumineux, ta voix envoûtante
Viennent dissiper mes pensées teintées de gris
Qui s'effacent comme le jour qui s'enfuit
Laissant une nuit nimbée de soie miroitante !

Toi l'ange qui chasse le spleen vert de gris
Tu viens, auréolée de ta gaîté qui luit
Dans ton regard mutin et, d'un revers de main
Tu pourfends les doutes, éclairant les lendemains

Dans cette lumière de l'amour retrouvé
Je me ris des pesanteurs du quotidien

La légèreté qui permet aux oiseaux de s'envoler !
Sylphe des contrées où le chagrin ne pèse rien!

Après l'orage

Après l'orage, la tempête et tous les deuils,
L'aube d'or, la joie de vivre doit prévaloir
Et ce n'est pas faire déshonneur à la mémoire
Des chers disparus car ils sont sur le seuil

Et dans notre maison commune pour toujours,
Nous partageons la flamboyance du crépuscule
Et le balai nacré des nuages dont les contours
Irisent de pourpre les rayons qui se bousculent

Pour mettre le feu à l'horizon bouillonnant
Avant de s'éteindre sous l'assaut des ténèbres
Qui, chemin faisant, nous offrent le sommeil bien-
faisant
Et nos rêves chassent l'infernal Erèbe.

Ouvrons nos cœurs aux morts et aux vivants
Quelle distance fortuite ou faible nous sépare ?
Un instant, et nous voici leurs fidèles compagnons !
Hâtons d'accepter la bonne nouvelle des augures !

Partageons l'aube en robe de vermeil,
Écoutons ensemble le gazouillis printanier
Des moineaux, le sifflement du merle primesautier
Et la sérénade d'un rossignol qui s'éveille…

Aurore carlanaise

Les nuages que le vent d'Autan bousculait
S'étaient éloignés, faisant allégeance
Au Soleil qui inondait de luminescence
Le paysage pastoral émeraude qui s'éclairait...

L'aurore saluait le monde des humains,
Un jour naissant offrait l'oblation de rosée
Qui scintillait sur la chrysoprase irisée
Des prairies, où les bosquets accueillaient
Le gazouillis de la gent ailée qui s'éveillait.

C'était un gloria de Vivaldi qui célébrait
L'épiphanie du dieu Phoebus dans la vallée,
Les roses violettes et les pivoines dorées
S'ouvraient et découvraient leur charmes diaprés,

La douce lumière de l'aube se répandait
Et diffusait ses rayons rasants qui s'élevaient
En une apothéose de lumière ubiquitaire
Sertissant de brillance les joyaux de la terre.

Des fleurs des champs aux arbres centenaires
L'onde lumineuse dansait la tarentelle
Scintillant d'un halo thuriféraire
Elle pulsait, scandant les heures nouvelles !

Nuit de musette

Un accordéoniste jouait un air de musette
Ce temps passé où les danseurs et leurs casquettes
Tournoyaient aux bras nerveux de midinettes
Un pas de côté et la cambrure prête,

Prête aux aventures au hasard des javas
Et ça tournait, ça tournait et les pieds légers
Jamais ne s'emmêlaient et s'enroulaient
Sur le tempo sauteur qui conduisait la noria

D'hommes aux rouflaquettes et au bitos vissés
Sur les crânes des costaux des Épinettes
Pas question d'empiéter sur le carré
Des querelleurs au raisiné surchauffé,

Époque où l'honneur était chef de file
La vie des fanfarons ne tenait qu'à un fil
Et chacun veillait jalousement sur sa chacune
Et il ne s'agissait pas de montrer ses thunes..

La frétillante musette n'adoucissait pas les mœurs
Si tu provoquais c'était le surin en plein cœur
Et l'accordéon jouait ses goualantes
Qui contait les histoires de pauvres amantes.

C'était des arabesques de filles choucardes
Et de durs au beaux visages burinés

Le rythme endiablait les corps et les psychés
Des pirates qui s'en venaient de la Barbade…

Puis le silence, lentement, s'installait
Les musicos épuisés levaient le camp
Et les couples de rencontre se dissolvaient
Et la nuit torride faisait bouillir les sangs !

Chemins des rêves

Les rêves mènent en des contrées étranges
Une brume aux reflets d'albâtre scintille,
Et les nuées se moquent des étoiles qui brillent
La nuit s'unit aux heures pâles des songes.

Comment, en errance, trouver le fil d'Ariane
Dans ce labyrinthe que Morphée dessine ?
Une musique, ouatée, résonne d'un air diaphane
Mêlant lumière et statues chryséléphantines.

Des sons inaudibles sont jetés à la cantonade,
Murmures de personnages peu ou prou mutiques
Parfois des familiers aux sourires énigmatiques
Se promènent dans l'Alhambra de Grenade…

Lieux habités de souvenirs ou cités mythiques
S'entrecroisent dans des kaléidoscopes brumeux
Acteurs pensifs heureux ou malheureux
Nous interpellent dans un langage ésotérique.

Le passé immédiat, résidu de la vie diurne,
S'entremêle avec un présent singulier
Qui se dépose en strates dans l'onirique urne,
Luisant dans la nuit noire d'un soleil moiré…

Symphonie blanche au Carla-Bayle

La neige tombait. Ce ne fut d'abord qu'une nuée,
Un voile gris pâle qui occultait le paysage
Le soleil se tenait coi, pâle dans les alpages,
Tandis que les flocons s'en allaient mâtiner

De céruse les pâturages en repos hivernal
Et les mottes se striaient de filets blanchâtres
La coloration perlée se déposait en touches égales
La neige tissait ses voiles mouvantes d'albâtre…

Puis les flocons tombèrent avec un rythme plus dru,
La manne argentée semée par les nuages
Peignait des aplats immaculés avec rage
Dans la plaine et clapotaient sur les rus.

Bientôt la blancheur saupoudra les buissons
Et s'affronta à la géométrie noire des branches
Des arbres défeuillés s'efforçant d'être étanches
Aux flocons qui accrochaient leur suspension…

Un manteau d'hermine se déposa sur terre
Et la symphonie du silence et son andante
S'emparèrent de mon âme ardente
Pour y instiller ses rêves où mon amante

Semblait flotter dans la mouvance pastel
D'un univers irisé par le crépuscule doré

Qui ornait la vêture scintillante des Pyrénées
Le songe vertical grimpa vers l'azur en nacelle…

Équinoxe à Mohamedia

Les vagues lapaient la grève et ses pierres luisantes
Nous étions à l'équinoxe de marées basses
Et la mer s'était retirée laissant l'espace
À des crabes qui cheminaient de guingois.

Septembre, à Mannesman, préparait les houles
grosses
Je me repaissais de l'ire de la mer en furie
Elle grondait et faisait voler l'écume jaunie
Les algues arrachées remontaient des basses-fosses.

Les bleuités cédaient devant les verdoyances
De l'Océan rageur qui agitait dans tous les sens
Des vortex menaçants, des remous impétueux
Qui jonchaient le tohu-bohu tempétueux.

Ce sont, ce me semble, les frayeurs de l'enfance
Qui surgissent des ondes turbulentes des souvenirs
Et se mêlent au fracas d'une mer en transes.

Quand surviennent les cuivres du crépuscule
Peu à peu le feulement océanique impose sa férule
Et la nuit maritime offre les sémaphores
D'éclats de nacre et de céruse comme décor…

Hirondelles musiciennes

Les mots, hirondelles sur le fil du poème,
Ressemblent à des notes de musique
Posées en do, ré, mi, la, si, do dans l'Aube blême
Elles savent le chant migratoire kabbalistique

Leurs poses d'arpège invitent le poète aux rêves
De voyages lointains au pays de l'Eldorado
Il déploie ses ailes au dessus des mers indigo
Et s'élève en agitant les syllabes sans trêve...

Alexandrins, chevauchées de métronomes
Calligrammes volant dans le ciel étoilé,
Élégies d'ébène quand le temps va se gâter,
Décasyllabes élégants sur les chemins de Rome.

C'est un rondo quand l'harmonie imitative
Secoue un rythme où marimbas, bandonéons
Tournent, vont et viennent et accordent leurs sons
Dans la fièvre d'une sérénade festive

La noria des notes disciplinées sous la baguette
D'une muse qui se trémousse entraînant en délire
L'adjectif tourbillonnant qui joue des claquettes
Dans cette cohue le Dieu Apollon joue de sa lyre !

Rivage de Mannesman à Mohammedia

Parfois le murmure Atlantique vient me hanter
J'entends le son grave des orgues maritimes
Et le vibrato des violons alto subaquatiques
Et le métronome que Poséidon fait osciller

Et la magie de la houle de grenat vert
Dont les embruns pétillants, frais et parfumés
Ont dressé un fin rideau d'iode pulvérisée
Tandis que le ressac entonne l'aria qui m'est cher

Va et vient comme le pendule d'un hypnotiseur
Et le rêveur prend en marche le rythme
Enjambe l'espace et le cours des heures
Pour une rêverie saupoudrée de l'hymne

Des rayons solaires réfléchis par la surface,
De l'océan berceur initiateur de somnolence,
Où les songes éveillés mêlent l'évanescence
Du rêve au réel d'une quiétude qui lui fait face.

Et l'écume d'ivoire vieillie danse sur les flots
Suivant la scansion du souffle des marées
Respiration atlantique qui renaît en vibrato
Dans ma Mohammedia par le soleil inondée…

Les eaux vives

J'aime les eaux vives dansant le long des sentes,
Elle naissent des pluies lustrales génitrices des rus,
Leurs murmures enchantaient l'enfant que je fus,
Souvenance de fétus lancés qui arpentaient

Les petites cascades cristallines qui s'écoulaient
D'une allure claudiquante, on ne sait où,
Elles partaient vers l'ultime rendez-vous
Des fleuves impérieux qui les appelaient.

Elles eurent pour compagnon le soleil rayonnant
Qui allumait et irisait leurs reflets d'argent
Leur train devenait plus nerveux, tumultueux
Quand elles s'enlaçaient aux flots impétueux,

Absorbées dans le mystère des embouchures,
Elles disparaissent dans la houle des océans
Nul ne sait où vont s'évanouir les fleuves errants
Les étoiles le savent mais elles n'en ont cure...

Colère du dieu fleuve

Achéloos, dieu fluvial, avait jeté l'anathème
Sur les hommes arrogants qui détournaient son cours
Construisant des barrages, érigeant des tours
Asséchant l'onde divine matrice des poèmes.

Il héla son frère aztèque Tlaloc, dieu de la pluie
Et Poséidon le dieu irascible des océans
De conserve ils convoquèrent les Furies
Porteuses des flux maritimes, amies des vents.

Les pluies diluviennes se déversèrent sur terre
Des vagues scélérates déployèrent leurs griffes,
Furent déracinés les chênes, les sapins, les ifs
Au bruit sinistre et rugissant du tonnerre.

Les volcans se réveillaient et crachaient leurs laves
Les nues ardentes ignées cachaient le ciel
Des cratères rougeoyants toussaient leur fiel
Les humains semblaient des ombres hâves.

Mais Zeus , roi de l'Olympe, mit fin au châtiment
Convaincu que les hommes pouvaient entendre
Le langage des dieux courroucés au firmament
Et les hommes apeurés finirent par comprendre !

L'Arcadie, ce pays aux mille et une beautés,
Comme le phénix, renaquit de ses cendres

Les vents et les volcans ne se firent plus entendre
Les océans recouvrirent leurs splendeurs azurées.

Amour fleuve

Ce soir l' étoile du berger, Vénus, m'a confié
Qu'elle veillait, du haut du ciel, sur les amoureux
Qu'ils fussent pérennes ou ceux qui brûlent leurs feux
Dans l'âtre fugace des secondes d'or pétries.

Toi ! Aphrodite t'assigne à résidence
En mon âme et dans les milliards d'atomes
Qui vagabondent dans l'évanescence de mon corps
Et mon Cerbère ne répond à personne,

Il ne te permettra pas de forcer la porte
De mon cœur aliéné à tes charmes
Une source cristalline a jailli et nous emporte,
Vaille que vaille, et son cours jamais ne désarme.

Du fil d'une source naquirent les fleuves majestueux
Le Nil ancestral, l'Amazone au limon fertile,
L'Amou-Daria, le Rhin volubile,
La Loire châtelaine, Garonne au cours tempétueux

Ainsi d'un baiser naquit un amour fleuve
Son train est capricieux, tantôt serein,
Il serpente comme l'émeraude couleuvre
C'est une symphonie qui éclot du soir au matin.

Féeries hivernales

C'est une aubaine qu'un jour d'hiver ensoleillé !
Le soleil timide a écarté les voiles de brume
Et, devenu entreprenant, il éclate de clarté
Et illumine le jaspe des prairies, et j'hume

Les fragrances fraîches de la terre endormie.
Les arbres défeuillés accueillent les trilles
D'oiseaux soudain éveillés qui s'émoustillent
Du parfum herbacé qui accueilleront les semis.

Phébus a assigné la pluie à résidence
Et le ciel azuré a chassé les nuages chagrins
Prends ma main, fais ton pied léger et danse
Les sardanes cadencées rythmées d'entrain.

La gaieté vêtue de la soie du crépuscule
Envahit les heures bénies par la lumière
Et l'argent céleste tient en sa férule
Les pensées délétères qu'elle réduit en poussière.

La caresse adoucie d'une brise légère
Effleure nos visages et nos lèvres unies
Par les baisers hivernaux au goût de vétiver
Enchantant nos amours de tendres féeries !

Musique d'hiver

L'automne avait abandonné le ballet saisonnier
Ses apprêts de couleurs, son ciel gouaché
L'hiver était venu à pas de loup, nuitamment
L'air s'était chargé d'une densité d'aimant

Le soleil dardait ses rayons pâles à l'horizon
Et l'allegro printanier s'était mué en adagio
Le faible gazouillis rythmique des engoulevents
Chantait l'angoisse vivrière de tous les oiseaux

La mélodie hivernale se jouait en mode mineur
Un clair silence par instants venait ponctuer
Le sommeil obligé des arbres et des fleurs
Les violons des feuilles au vent se taisaient.

Le temps lui-même suspend le sablier
Des heures qui paresseusement s'étirent
Tandis que les flammes de l'âtre expirent
Dans la nuit sombre aux reflets d'acier

Un clair de lune distille une lumière d'argent
Qui nimbe les prairies et les cités endormies
Ce soir l'hiver a ouaté la lumière et les bruits
D'une ville agitée et de la campagne assoupie.

Histoire de l'Aquilon

L'Aquilon a entonné son hymne rocailleux
Venu des septentrions où il a vu le jour,
Il a traversé les majestueux glaciers sourcilleux
Et il ne s'est pas essoufflé dans son parcours

Chevauchant les Océans qu'il a soulevés,
Il a renversé les esquifs et les vieux gréements,
Coulé les yachts et démâté les catamarans
Rien sur les mers ne saurait lui résister.

Il a parcouru à grand train les hautes terres,
Et, dans l'olympe, il a salué Éole, son père
Descendant vers Péloponnèse il s'est reposé.
Reprenant sa course il s'est affronté aux Pyrénées.

Parvenu dans l'eldorado du pays de Cervantès
Il fit de Don Qijote, la victime des moulins,
Le dueño fut soigné avec brio par Sancho Pansa ;
li inspira les senteurs grenadines de l'Alhambra,

Il dut escalader les mythiques colonnes d'Hercule
Survolant la fusion d'Atlantique et Méditerranée
Il fut imprudent car il combattit le Chergui
Et le vent du désert le terrassa dans la nuit.

Énigmes oniriques, PV

Dans les ombres mouvantes que tissait un rêve
M'apparut un cortège d'haridelles efflanquées
Leur sabots claquaient sur les sentiers ombragés
Qui menaient, cahin-caha, sur les grèves

D'une mer d'équinoxe aux vagues déchaînées
Dont le ressac assourdissant battaient les dunes
Mordues par le tonitruant roulis d'écume
Qui déployait sa cohorte de bulles éclatées.

Une charrette tonitruante sortie d'une crique,
Menée à hue et à dia par un moujik
Qui chantait à tue-tête des hymnes russes
Brinquebalait dans les senteurs d'eucalyptus.

Elle cheminait de son allure de roulotte cahotant
Sur les routes tapissées d'iris et d'agapanthes
Une brise parfumée embaumait les sentes
Et les chemins de ronde qu'elle grimpait en chan-
tant.

Elle parvint dans l'aire où vivent les alizés,
Belvédères d'un écrin où brille le lapis
D'une mer dont les vagues nacrées esquissent
Les aspirations diaboliques de vortex assoiffés.

Ce songe prit fin comme s'éteignent les chandelles

Laissant au dormeur l'énigme onirique
Du langage nocturne de la psyché léthargique
Qui hante les nuits de rêveries nouvelles…

Cante hondo

Parfois un accord de guitare venu d'Andalousie
Trouve une issue qui fait vibrer mon âme
Venu du fond des âges il chemine sur un macadam
Tapissant un chemin de traverse enfoui

Enfoui dans mon ascendance et se révélant
Par un trouble, une émotion venus de loin
Et qui se répandent comme un fleuve débordant
Emportant les digues dont j'avais pris soin

Pour garder le cap du présent, de la réalité.
Mais je sais que cette armature craquera
Devant le regard aimé qui défie ma volonté
Alors que rien d'autre au monde ne me brisera.

Comment l'amour se conjugue-t-il au passé
De générations d'ancêtres qui se sont succédé ?
Comment ma passion se trouve entremêlée
Au Cante hondo qui m'enveloppe de ses mélopées ?

À travers les siècles je t'ai toujours aimée
Ne me demandez pas d'où me vient cette idée
Il faut le demander aux notes qui m'ont envoûté
C'est un fil d'Ariane qui ne s'est jamais brisé !

La dame mélancolique

Si la mélancolie te propose de la caresser
Prends garde car c'est une belle sorcière
Au corps voluptueux qui peut t'ouvrir la terre
Et t'y entraîner en baisant ton corps arqué.

Comme le charmeur des cobras hypnotisés
Elle te damnera par ses danses lascives
Elle te fera voyager en des marais empoisonnés
Mais tu n'en auras cure, tu la prendras en des rives

Qu'un soleil noir éclaire de lumière d'ébène
Ses rayons vibrent sur l'empennage noir des vau-
tours
Tu ne te sentiras pas anesthésié par la géhenne,
Noyé dans les capiteux parfums de ses atours.

Elle t'enlacera dans les vapeurs méphitiques
Tu perdras de vue les rivages vermeils
Prisonnier de hauts-murs mélancoliques
Sans espoir, entouré de landes désertiques.

Ami des jours de jais et des pluies roides
Voyageur de rouges crépuscules, des aubes froides
Prends tes jambes à ton cou cela n'est qu'illusion !
Un hologramme maléfique a tissé ses prédations.

Trouve-toi sur les chemins du tendre une âme jolie

Un cœur battant de douceur et de générosité
Elle sera ton spécifique, l'invincible panacée
Qui, armée du glaive d'argent, ourdit

Le stratagème rusé qui a occis les diaboliques,
Elle t'attend depuis l'aube où tu vins à la vie
Tiens, la voilà qui s'avance, vêtue d'organdi
Vos noces sont bénies sous les ailes angéliques.

Fascination

C'était une nuit où des myriades d'étoiles
Criblaient le firmament de pulsations dorées,
Spectateur ébloui je ne voyais que l'orée
D'un amoncellent de galaxies dont les voiles

Épandaient leurs auras luminescentes
Sur une fictive surface, ce reflet trompeur
Des abysses sidérales dont les leurres
Cachent les comètes chevelues et ardentes.

Mon âme flottait, et je m'interrogeais :
«Qu'étais-je, à l'aune des acteurs du cosmos ?»
Ce leitmotiv conscient, sans cesse, me questionnait
Et il m'empêchait de me fondre dans l'Éros

L'Éros des chocs galactiques, matrices
Des étoiles nouvelles et des trous noirs
Avaleurs des météorites et des encensoirs
Qui dispersent la matière sortie des génitrices

Des explosions des pulsars cracheurs d'ignitions,
Mondes en perpétuels éclats d'explosion
Qui brûlaient inlassablement dans l'univers
En expansion, et, ce manège scintillait...

Onirisme coloré et olfactif

Un rêve me mena en d'étranges contrées,
Flûtes et harpes s'entrelaçaient en allegro,
Et mon âme semblait monter à l'assaut
De vertigineux à-pic conduisant à l'orée

D'une forêt perchée sur de cristallins nuages
Il y fleurissaient des parterres de tibouchinas,
Et de roses trémières près d'épicéas
Une symphonie colorée offrait ses apanages.

Dans des allées qu'un jardinier de génie
Avait dessinées, une marqueterie de marbres
Entremêlée de malachite et de lapis-lazuli
Conduisait au labyrinthe d'un rouge cinabre…

Et tu apparus, dans un sillage parfumé
De vétiver, de tilleul et de menthe poivrée
Qui faisait une aura à tes vêtements de soie
Dont le modelé faisait perdre son quant à soi.

Je te pris par la main et ton souffle m'enivra
Ce ne fut pas subreptice mais explosif
Tes parures volèrent en nos ébats festifs
Puis nous disparûmes en effluves de cédrat…

Musique céleste

Le soir tombait, Vénus, la grande Ourse luisaient
Peu à peu l'hologramme nocturne offrait
Le leurre lumineux d'étoiles disparues
Égarées dans l'espace-temps échu.

L'apparence astrale et la beauté transcendantale
Se mêlaient dans l'ineffable esthétique
De l'univers offert en cadeau à l'onirique
Ascension des poèmes, fidèles vestales.

Des foyers stellaires qui scintillaient par milliers
Pour l'œil humain qui ne pouvait mesurer
L'infini des mondes qui lui échappait
Enfermé qu'il était dans sa vision limitée…

Mais la méditation se laissait entraîner,
En empruntant les ascendants vermeils
D'une musique dont les notes aspirées
Voletaient dans le plus simple appareil,

Symphonie unissant l'homme et l'éthéré,
Un andante que le génie musical offrait
Pour un voyage lumineux qui serpentait
Dans l'infinie et majestueuse Voie lactée…

Nagori en Ariège

Les frondaisons caduques se sont déshabillées,
Et leurs feuilles mordorées jonchent le sol,
Elles font entendre, en gémissant, la clé de sol
Du requiem coloré d'un automne fatigué,

Fatigué des gouaches, des rehauts de cristal
De feuilles d'or éparpillées dans les ramées,
Des trilles d'argent des bouleaux enchantés,
Quand l'astre zénithal donne un récital.

La saison impériale sait ses jours comptés
Et sa symphonie concertante éclaire
Les halliers, les sous-bois et les bosquets
Dans l'écrin des citrines qui ornent la terre.

Dans la glèbe luisante des mottes argentées
Perséphone s'est éclipsée, en catabase,
Désertant la tristesse des prairies rases.
L'hiver a revêtu de jais l'élégant cyprès…

Les épaulements courbes des Pyrénées
Se poudrent, à l'horizon, de blanc d'Espagne
Et les nuages nacrés, survolant la montagne
Accoucheront d'éclairs zigzaguant dans l'ondée…

Fleurs d'hiver et d'automne

J'aime les fleurs d'hiver et d'automne
Elles racontent la beauté de leurs vies,
Le pastel de leur vêture me sied à l'envi
Si l'encre de leurs contes a pâli, elles me donnent

Toute la magnificence de la soie diamantée
Et les éclats du clair-obscur ne sauraient
Me charmer autant que ce regard luisant
Qu'elles ont choisi de m'octroyer céans.

Et, davantage qu'aucune fleur de printemps,
Elles ont la beauté du soir qui a chu doucement
Brillant des gemmes secrets d'arc-en-ciel,
Recel voyou du crépuscule vermeil.

Et dans l'obsolescence du temps octroyé
Elles s'illuminent comme les vagues phosphores-
centes
De l'Atlantique dans la moire des marées
Et ce balancement a des effluves d'éternité.

Fumées blanches au Carla-Bayle

La brume déployait ses mouvances quelque part,
L'obsidienne nocturne et les flammèches pâles
S'épousaient en une symphonie opale
L'humidité pleurait sur les hiératiques remparts.

Dans le silence, j'entendais mes souvenirs
Voyager dans le ballet nacré de ma mémoire,
Des images me contaient mon histoire
Qui mêlait, pêle-mêle, le passé et l'avenir.

La lune, reine blanche d'une nuit d'ébène
M'offrait son regard d'albâtre, aura mystérieuse
Qui luisait, à l'est des ténèbres assoupies,
Semblait garante de mes amours pérennes.

Et, le va-et-vient musical d'une brise légère,
Faisait entendre l'adagio qui venait du ciel
Et qui semblait étendre une douceur de miel
Dans le bercement hypnotique de l'air…

Le sommeil, voyageur de contrées étranges,
Te ramenait vers moi, travestie d'un voile
Dans la transparence dorée des étoiles
Qui éclairent decrescendo le miroir des songes…

Symphonie de la forêt

Poudroyant d'argent la brume de la forêt,
L'aurore, au chant d'une flûte traversière,
Célébrait l'éveil de Phébus et sa lumière
Qui nimbait d'or le salut fraternel de l'orée

D'une hêtraie dont les frondaisons ondoyaient,
Composant sous la brise, l'harmonie émeraude
De ses branches, tissant ces entrelacs qui rôdent
Dans un ciel filtré par les feuilles déployées…

Au loin, je croyais ouïr le basson du brame
Tandis que, çà et là, des merles gouailleurs
Sifflaient ; et les rossignols enchanteurs
Élevaient leurs trilles sous l'azur diaphane.

La symphonie orchestrée dans la sylve
Où musique célestes et couleurs s'épousaient
Ce monde étrange où des sylphes rôdaient
Transportait l'âme en de sublimes rives

Rives vermeilles du rêve et de la méditation,
Notes musicales et aplats colorés,
Entremêlés dans l'univers mordoré,
De champs élyséens en lévitation.

La magie transcendantale des forêts
Accueille nos âmes avec bienveillance

Et les arbres centenaires nous disent l'obsolescence
Des destinées humaines entraînées à l'orée du gué.

Rêve arboricole PIV

Il y avait un saule qui pleurait… Sa frondaison
D'émeraude chantait sa végétale mélancolie,
Le vent d'autan semblait conter l'élégie
Du temps passé, celui des mortes saisons…

Un bouleau argenté, en tenue de soirée,
Semblait conter fleurette à des aubépines,
Qui arboraient leurs floraisons platine,
Le zéphyr se faisait messager de ramées.

L'eucalyptus saupoudrait l'air de sa fragrance,
Mêlant ses essences au philtre des daturas...
Circé la magicienne, parfumée de cédrat,
Offrait sa beauté dans l'ineffable luxuriance.

Le chêne majestueux, tutélaire de justice,
Abritait, de son ombre, juges et plaignants
Un parterre de lys et d'acanthes écoutant
Les sentences qui arbitraient les préjudices…

Dans un ciel pastel, fleurissait dans l'azur
La flamboyance bleue des jacarandas
Faisait écho aux vagues de cristal pur,
Éclats, sur la grève, d'ondoyants fracas.

Ode à Blaise Pascal

La nuit, qu'illuminait un beau clair de lune
Offrait sa broderie de planètes et d'étoiles,
On eût dit une calligraphie, cryptée sur la toile,
D'un firmament mystérieux éclairé de runes.

La voûte céleste appelait mes regards
Vers l'infini des lointains météores et des pulsars
Ces matrices galactiques accouchant la matière
Qui faisaient des hommes les fils des univers.

Je ressentais mon appartenance dérisoire
A l'infiniment petit, mais il m'était agréable
D'être, là, un conscient grain de sable,
Parcelle, minuscule, qui méditait en ce soir…

Un vent, fils du chergui, chantait ses antiennes,
Et mon âme bercée du rythme d'une balancelle
Et les battements de mon cœur sentinelle
Scandait le tempo d'une valse de Vienne.

Et l'univers des rêveries s'ouvrait, en palpitant,
La poésie des ténèbres mâtinée de lumière
Inspirait en moi toute cette théorie de prières
Que l'oblat dédie aux beautés de l'univers !

Allegro sostenuto au Carla-Bayle

Un rideau de pluie, aux cristaux dépolis,
Noyait la plaine aux vallonnements pastoraux,
Le chant des pleurs d'un ciel, teinté de gris,
S'abattait sans relâche sur les halliers, les coteaux.

C'était un de ces orages d'été, exaspération
Des nuages, lassés de servir de porteurs d'eau,
Dans une atmosphère, brûlée au chalumeau,
Par un Phoebus qui s'essayait à la crémation.

Les plantes offraient leurs oblations colorées.
Les gouttes de cristal, bues avec avidité,
Formaient des sautoirs de perles diaprées
Le cortège floral des zélatrices germées

Oscillait comme des grelots d'argent agitées,
Chorégraphie orchestrée dans les champs de blé
Dont les épis servaient de touches de piano
Que le zéphyr jouait en allegro sostenuto.

L'eau lustrale s'écoulait, par monts et par vaux,
Rejoignant le cours des rivières, les ondes fluviales
Cascadant, se mêlant au clapotis musical
Qui, soudain, s'élevait en éclat diagonal.

Puis le rythme pluvial s'amuït, petites touches
En decrescendo, rejoignant le silence

D'une nature à la soif étanchée dans l'évanescence
Oublieuse d'une aurore d'été farouche…

Odyssée du vent

Le vent s'en allait, joyeux, par monts et par vaux,
En ce jour printanier, il jouait de sa flûte traversière,
Et les feuillages des peupliers, près de la rivière,
Lui répondaient, en écho, par un amical scherzo…

Les marguerites mordorées, les roses violine
Déployaient pour lui, en signe d'allégeance,
L'élégant tapis orné d'arabesques et de fragrances
Qui flottaient dans l'air en guise de comptines

Le vent facétieux les écoutait et d'un syrinx
Il joua une mélopée en mémoire du Sphinx
Qui posait des devinettes qu'Œdipe éventa
Ce « in memoriam » dans l'azur se noya…

Reprenant sa route, primesautier, il se déguisa
En vent marin et, sur les berges d'une rivera
Il fit danser les parasols, le sable se souleva
Des milliers de grains Éole ne s'en offusqua pas…

Vers les Monts Albères nimbés d'un bleu pastel
Il se travestit en une tramontane sourcilleuse
Caressant les épicéas, la neige duveteuse.
Supplanta le marin pour agiter des «vagues-sauterel-
les»

Puis il fit cap vers les étendues désertiques
Grimé en sirocco, il attisa l'ignition de la terre
Et dessécha d'un souffle les herbes faméliques
Mais époumoné par l'ardeur de l'astre du désert

Il gagna le Grand Nord et tous les septentrions
Sa gorge, revêtue de la glace bleue des icebergs,
Hypnotisa la terre et la naissance des bourgeons.
Et les prolifiques graines furent mises en exergue…

Les graines entamèrent leurs gestations saisonnières
Dans l'obscurité du terreau tellurique
Et resurgirent, maquillées de fleurs de bruyères,
Et le vent se fit semeur d'étamines prolifiques !

Suite de tableaux PIV

Qui dira la magie incantatoire du violon,
De la harpe, et de la flûte traversière
Dont les clapotis miment de cristallines rivières,
Qui se travestissent de volutes en ascension ?

Au loin, franchissant l'horizon maritime
Le fracas irisé de la houle en dentelles
Cymbales claquant aux vibrations de crécelles
Que le trimaran découpe en sillon sublimes.

Le claquement assourdissant du tonnerre
A fait taire les oiseaux qui se terrent,
Un tambour éclatant a narré la geste
De Jupiter muni de ses attributs célestes.

Le flûtiau d'un pâtre nous mène en Arcadie
Ce pays mythique où la paix et le bonheur
Annihile de sa douceur, haine et rancœur,
Où l'amour transcende les hommes épanouis,

Irradiant, dans la mélodie d'un allegro sostenuto,
Les bois, les fleuves, les montagnes fleuries
Parcourus d'un vent aux arabesques Indigo
Psalmodient leur prières aux espaces infinis.

Table des matières